GUIDE

DES PERCEPTEURS

ET

DES RECEVEURS

DES

CONTRIBUTIONS DIRECTES.

AVERTISSEMENT.

Le but qu'on s'est proposé, en rédigeant le *Guide des Percepteurs*, a été de réunir, dans quelques pages faciles à parcourir, toutes les dispositions concernant les Receveurs et Percepteurs des contributions directes, qui se trouvent éparses dans les Lois et Réglemens concernant l'objet de leurs fonctions; de leur en faciliter le dépouillement, la recherche et l'application, et de les mettre ainsi à portée de se conduire sans aucun autre secours.

Cette nouvelle édition, plus développée que la première, rédigée d'ailleurs d'après des règles générales compatibles avec les divers usages des départemens sur la nature et l'ordre des poursuites, contient des Réglemens survenus depuis la première impression. Les Maires et Adjoints, ainsi que les Receveurs d'Arrondissemens, pourront trouver aussi, dans les détails où nous sommes entrés sur l'adjudication de la perception, les cautionnemens, soumissions, versemens et tenue des registres, tout ce qui doit exciter leur surveillance relativement à la gestion des Receveurs, Percepteurs, et à la sûreté des deniers de leur recette.

Elle est terminée par des Modèles d'Actes, d'Avertissemens, Contraintes, Journaux, Bordereaux, Registres, etc.

GUIDE

DES PERCEPTEURS

ET

DES RECEVEURS

DES

CONTRIBUTIONS DIRECTES.

NOUVELLE ÉDITION;

*Contenant des augmentations et des formules
d'Actes et Registres.*

PAR M. P. Ex-Receveur des Contributions.

Prix, 1 fr. 80 cent., et 2 fr. 10 cent. franc de port.

A PARIS,

CHEZ

BONTEMPS, Libraire, rue de la Loi, près la fontaine Traversière, n°. 760.

RONDONNEAU, au Dépôt des Lois, place du Carrousel.

AN XII.

GUIDE

DES PERCEPTEURS

ET

DES RECEVEURS

DES

CONTRIBUTIONS DIRECTES.

DE LA PERCEPTION.

La perception des contributions directes, est le recouvrement qui se fait sur les contribuables de chaque commune, en vertu de rôles rendus *exécutoires* par le Préfet du département, et *publiés* (1), des cotes foncières, personnelles, mobiliaires, somptuaires, Portes et Fenêtres, Patentes, et des centimes additionnels qui sont as-

(1) Le Percepteur ne pourra rien exiger des Contribuables, qu'il ne soit porteur d'un rôle rendu exécutoire et publié. *Art.* 15 *de l'arrêté des Consuls, du* 16 *thermidor an* 8.

A 2

signés par ces rôles, à chacun des contribuables.

Cette perception se fait, en chaque commune, par un Percepteur ou Receveur, qui reçoit directement des contribuables, et qui verse sa recette entre les mains du Receveur particulier de l'arrondissement, lequel la reporte au Receveur-général, qui en fait le reversement au trésor public.

D'après cet exposé, on pourrait croire que la mission du Percepteur se borne à recevoir d'une part, les cotes des contribuables, et de l'autre, à les verser avec exactitude dans la caisse destinée à les recevoir; mais la perception a ses règles particulières, et les Percepteurs qui les ignoreraient se trouveraient exposés, pour ne s'y être pas conformés, non-seulement à la destitution; mais encore à des peines personnelles, à la vente de leurs biens et à des poursuites rigoureuses. C'est pour leur faire éviter ces inconvéniens, qu'on a cru devoir rassembler, dans cette instruction, tout ce que les lois et règlemens ont prescrit sur cette matière.

DES PERCEPTEURS OU RECEVEURS.

Avant l'établissement des contributions foncière et mobiliaire, en 1791, il y avait pour la recette des Tailles, en chaque paroisse, un ou plusieurs Collecteurs nommés par les habitans, qui demeuraient garans de la perception, et la collecte était forcée.

Cet ordre de choses a été changé par la loi du 2 octobre 1791, qui a ordonné que la perception serait adjugée dans chaque commune, par le Conseil municpal, (*à présent les maires ou adjoints*) au moins offrant et moins disant, et que l'adjudicataire fournirait un cautionnement *en immeubles*, dont la valeur ne pourrait être moindre que le tiers du montant des deux contributions.

Dans le cas où, après trois publications, il ne se présenterait pas d'adjudicataires, la loi a voulu que le Conseil municipal nommât d'office un Percepteur, dont il serait responsable.

Ce mode a subsisté jusqu'en l'an XI, et par un arrêté des Consuls, du 4 pluviôse, il a été dit qu'il pourrait être établi des Receveurs particuliers dans les villes et communes dont le montant des rôles des contributions directes s'élevera au dessus de 15,000 francs ; que ces Receveurs, à la nomination du Premier Consul, fourniront, à la caisse d'amortissement, un cautionnement, *en numéraire,* du vingtième de la contribution foncière, et donneront des *soumissions* à l'instar de celles que les Receveurs particuliers d'arrondissemens souscrivent aux Receveurs-généraux.

Ainsi, à présent, il y a trois sortes d'agens chargés de recevoir, des contribuables, la recette des contributions directes, savoir :

1°. Les *adjudicataires* de la perception. (1)

----

(1) Il a paru convenable de placer ici le mode et les règles des adjudications.

« Les adjudications de la perception doivent être faites par » les Maires, ou à leurs défauts par les Adjoints des communes, » avant le premier fructidor de chaque année. » *Art.* 3 *de l'arrêté des Consuls, du* 16 *thermidor an* 8.

« En cas de divertissement des deniers de la perception, cons-» taté par un procès-verbal, le Receveur particulier d'arrondis-

2°. Ceux nommés d'*office* par le Conseil municipal, à défaut d'adjudicataires.

« sement doit envoyer le procès-verbal et les pièces à l'appui au
» Sous-Préfet, qui ordonnera au Maire ou à son Adjoint, de
» procéder sans retard, sous peine de responsabilité, à une
» nouvelle adjudication de ce qui restera à recouvrer sur les
» rôles; en conséquence le Receveur particulier fera remettre
» dans le jour, s'il est possible, au Maire ou à son Adjoint, les
» rôles, avec l'état des sommes à recouvrer. » *Ibid. art.* 34.

« Dans le cas de décès d'un Percepteur de commune ou de
» canton, il sera pourvu à son remplacement par l'Administra-
» tion municipale, (*le Maire* ou *l'Adjoint*,) dans les formes
» prescrites par la présente loi, à moins que les héritiers ou la
» veuve, à leur défaut, ne déclarent (*au Conseil municipal*) dans
» les dix jours du décès du Percepteur, qu'ils entendent conti-
» nuer la perception. » *Art* 151 *de la loi du* 3 *frimaire an* 7.

« Le jour de l'adjudication de la perception sera indiqué, au
» moins dix jours à l'avance, par des affiches posées à cet effet,
» dans les communes de canton, aux endroits accoutumés. »
Ibid. art. 128.

« Les citoyens qui desireront se rendre adjudicataires, se
» présenteront à l'Administration municipale (*au Maire*), pour
» y faire connaître leur solvabilité et les cautions qu'ils pourront
» donner. » *Ibid. art.* 129.

« Au jour indiqué, l'Administration municipale (*le Maire, et*
» *à son défaut l'Adjoint*) proposera la perception au rabais.
» Tous les citoyens dont la solvabilité sera reconnue, et les cau-
» tions jugées valables, seront admis à sous-enchérir, et l'adju-
» dication sera faite à celui dont les offres seront les plus avan-
» tageuses. » *Ibid. art.* 131.

« Dans le cas où il ne se présenterait qu'un seul citoyen aux

3°. Et ceux à la nomination du Premier Consul, que pour les distinguer des au-

---

« sous-enchères, l'adjudication lui sera faite s'il consent à rester
» adjudicataire à trois centimes par franc des Contributions fon-
» cière, mobiliaire, personnelle et somptuaire. S'il n'y con-
» sent point, l'adjudication sera remise à cinq ou à dix jours,
» au choix de l'Administration municipale; il sera posé de nou-
» velles affiches. » *Ibid. art.* 132.

« Dans le cas où il ne se présenterait aucun citoyen pour de-
» mander l'adjudication, l'Administration municipale en dressera
» procès-verbal, et ajournera, comme il est dit en l'article pré-
» cédent. Il sera posé de nouvelles affiches. » *Ibid. art.* 133.

« Au jour indiqué par les nouvelles affiches, l'adjudication de
» la perception sera faite au citoyen qui offrira de s'en charger
» pour une moindre remise. » *Ibid. art.* 134.

« Elle aura également lieu quand il ne se présenterait qu'un
» seul citoyen; mais dans aucun cas, elle ne pourra être faite à
» un taux supérieur à cinq centimes pour franc des Contribu-
» tions foncière, mobiliaire, personnelle et somptuaire. » *Ibid.
art.* 135.

« A défaut d'adjudicataire, le Conseil municipal convoqué
» extraordinairement par le Maire ou son Adjoint, nommera
» d'office, dans la première décade de fructidor, un Percepteur
» dont la solvabilité soit connue. » *Art.* 3 *du règlement du* 16
thermidor.

« Toutes les fois que le mode d'adjudication peut présenter
» des inconveniens, les Préfets peuvent donner les ordres né-
» cessaires pour que le Conseil municipal, extraordinairement
» convoqué, nomme *d'office* son Percepteur. » *Circul. du Ministre, du* 6 *prairial an* 11.

« Aucun Percepteur en exercice ne peut se rendre adjudica-

tres, et éviter des dénominations trop
longues, dont la répétition serait fasti-
dieuse, nous qualifierons, ainsi que l'usage
l'a introduit, de *Receveurs à vie*, quoiqu'ils puissent être révoqués à volonté.

» taire de la perception, qu'après avoir justifié de l'entier ver-
» sement du produit des Contributions dont les termes sont
» échus. » *Réglement du 16 thermidor, art. 8.*

« Les fonctions de notaire sont incompatibles avec celles de
» Percepteur. » *Lois des 29 octobre 1791, et 25 ventôse an 11.*

« Les Membres des Tribunaux, ceux des Administrations du
» Département et des Municipalités, les Juges et Membres des
» Bureaux de Paix et de Conciliation ; les Commissaires et Agens
» nationaux et Greffiers auprès de ces divers établissemens, ni
» ceux qui exercent une autorité chargée de la surveillance mé-
» diate et immédiate des fonctions de Receveurs et Percepteurs
» des Contributions directes, ne peuvent être, en même tems,
» Receveurs et Percepteurs de ces Contributions. » *Lois du 24
vendémiaire an 3, art. 1 et 2 du tit. I, et 2 et 3 du tit. II.*

« Aucun Percepteur ne peut être nommé *d'office* Percepteur
» des Contributions de plus d'une commune. » *Art.* 137 *de la
loi du 3 frimaire an* 7.

« Aucun citoyen ne pourra être nommé Percepteur des Con-
» tributions de sa commune plus d'une fois dans l'espace de
» vingt ans, s'il n'y consent. » *Ibid. art.* 138.

« Aucun citoyen ne sera pareillement chargé de la percep-
» tion, s'il est âgé de plus de soixante ans accomplis, à moins
» qu'il n'y consente, auquel cas la perception une fois commen-
» cée, il ne pourra se dispenser de l'achever. » *Ibid. art.* 139.

Les obligations de ces divers agens, consistent en celles ci-après :

1°. A prêter *le serment* de bien et fidellement remplir leur mission.

2°. A fournir *un cautionnement* tel qu'il est dû.

3°. A fournir, de la part des Receveurs à vie, *des soumissions*, lorsqu'elles leur seront demandées par le Receveur d'arrondissement, de verser, dans des termes fixes, le montant de leurs recettes.

4°. A *résider* dans l'endroit de leur perception.

5°. A prévenir les contribuables, par des *avertissemens*.

6°. A *recevoir* les cotes des contribuables, et à leur en donner reçus et quittances.

7°. A *émarger et croiser* sur leurs rôles, à l'instant du recouvrement, les articles soldés.

8°. A tenir exactement des *relevés ou bordereaux* de leurs recettes, et à les faire *clore et arrêter*.

9°. A faire les *poursuites* nécessaires du recouvrement, à peine de répondre des sommes non recouvrées, et de perdre leur recours contre les contribuables.

10°. A faire avec exactitude le *verse-ment* de leurs recettes.

11°. A faire *viser* les quittances de ces versemens.

12°. A faire, en certains cas, des *avances* dont ils se remboursent sur les contribuables.

13°. A *compter* des centimes appartenans aux communes.

14°. A souffrir toutes *vérifications* de leurs caisses, rôles et registres, et à donner, sur l'objet des recouvremens, les renseignemens qui peuvent être exigés d'eux.

La loi leur accorde des remises; ils en peuvent être privés en cas de négligence.

Cette négligence les expose aussi à perdre leurs recours contre les contribuables.

Le développement de chacun de ces objets, doit remplir le but qu'on s'est proposé, en offrant un guide aux Percepteurs. Comme on n'a eu qu'eux seuls en vue dans cet essai, on ne trouvera pas étrange, qu'on se soit strictement renfermé dans les bornes de leur mission, de leurs devoirs et de leurs opérations.

DU SERMENT.

Les Receveurs à la nomination du Premier Consul, prêtent, entre les mains du Préfet, le serment prescrit par la loi du 21 nivôse an 8, et ne peuvent s'immiscer auparavant dans leurs fonctions.

Quant aux autres Percepteurs, il ne paraît pas que, jusqu'ici, on les ait assujettis à aucun serment ; cependant, il serait convenable de leur faire prêter, entre les mains du Sous-Préfet, celui de bien et fidellement remplir leur mission.

DU CAUTIONNEMENT.

Le cautionnement des Percepteurs à vie, doit être fait en numéraire, et versé à la Caisse d'amortissement, ou dans celle du Receveur-général; il est fixé au vingtième du montant de la contribution foncière, et produit une indemnité, dont le taux, comme celui du Receveur d'arrondissement, est réglé chaque année.

Le Percepteur nommé d'*office*, n'est tenu à aucun cautionnement.

Quant aux autres Percepteurs, leur cautionnement doit être fourni en *immeubles*; il est réglé par les articles 5, 6 et 7 du réglement du 16 thermidor, ainsi qu'il suit :

« Art. V. L'adjudicataire fournira un
» cautionnement en immeubles, dont la
» valeur *libre* sera du *quart* au moins, du
» montant du rôle de la contribution fon-
» cière.

» Art. VI. Le Receveur particulier de
» l'arrondissement fera fournir, *sous sa*
» *responsabilité personnelle*, dans la dé-
» cade qui suivra l'adjudication, le cau-
» tionnement exigé par l'article précé-
» dent; à l'effet de quoi, les Maires ou
» Adjoints adresseront sans délai, au Re-
» ceveur particulier, le procès - verbal
» d'adjudication.

» Art. VII. Dans les dix jours de la ré-
» ception de leur cautionnement, les Per-
» cepteurs seront tenus, à leurs frais : 1°. de
» le faire inscrire au bureau de la con-
» servation des hypothèques de la situa-
» tion des biens, et d'en rapporter certi-
» ficat au Receveur particulier; 2°. de lui

» rapporter, dans le même délai, l'état
» certifié par les conservateurs, des charges
» et hypothèques inscrites sur les biens ;
» ou le certificat qu'il n'en existe aucune.

La garantie qui pèse ici sur le Receveur particulier, lui donne sans doute le droit de discuter le cautionnement, d'examiner sa valeur, sa solidité, de le faire rejeter s'il est insuffisant, et d'en demander un autre.

Il est rare que les cautionnemens en immeubles, que fournissent les adjudicataires, soient suffisans et réguliers : la loi du 11 brumaire an 7, peu connue de ceux qui n'ont pas fait une étude particulière des principes sur la matière des hypothèques, met journellement en défaut ceux qui sont dans le cas de discuter ces sortes de cautionnement ; il n'est donc pas inutile de faire connaître les conditions, sans lesquelles il ne peut offrir de sûreté. Les voici :

Iʳᵉ. CONDITION. *Capacité dans la caution* pour contracter et aliéner. (1)

____

(1) Les Préfets, Sous-Préfets, Maires et Adjoints, et Agens

IIme. CONDITION. *Propriété incommu-table*, dans la caution, des biens qu'elle entend affecter, et dès-lors justification de titres.

IIIme. CONDITION. *Suffisance* ; c'est-à-dire que les biens affectés présentent, d'après les titres, baux, cotes de contributions, ou autres documens, une valeur approximative de celle exigée par la loi, et qu'ils soient, jusqu'à cette concurrence, francs et quittes de toutes les dettes et hypothèques, non-seulement de la caution, mais encore de ses auteurs. Ainsi, il ne suffit pas de rapporter un certificat du conservateur des hypothèques, constatant qu'il n'existe point d'inscription contre la caution ; mais il doit être encore justifié qu'il n'en existe point sur ses vendeurs et leurs auteurs, à moins qu'elle n'ait purgé, par des lettres de ratification, les hypothèques qu'ils auraient pu contracter.

---

des Contributions, ne peuvent être cautions des Percepteurs. *Loi du 24 vendémiaire an 3.*

IVme. CONDITION. *Forme de l'acte.* Le cautionnement doit être passé devant notaires ; ces fonctionnaires seuls , peuvent conférer l'hypothèque conventionnelle, sans laquelle le trésor public ne pourrait venir en ordre sur le prix des immeubles , qu'après les autres créanciers hypothécaires inscrits ; cependant , si l'adjudicataire se cautionnait *de suo* par un acte d'administration , qui contiendrait l'affectation par hypothèque de ses biens, spécialement désignés, cet acte aurait le même effet que s'il était passé devant notaires ; c'est en ce sens seulement, qu'il faut entendre la décision du Ministre , citée dans le Manuel des Contribuables, où il est dit : *qu'il n'est point indispensable que le cautionnement soit passé devant notaires ;* mais toutes les fois que c'est un tiers qui cautionne l'adjudicataire , il est incontestable que l'acte doit être notarié pour avoir l'effet de l'hypothèque : toute opinion contraire sort des principes.

Vme. CONDITION. *Spécialité de l'hypothèque.* L'acte de cautionnement doit contenir

tenir, par *mesure*, *nature*, *lieux*, *tenans* et *aboutissans*, la désignation des biens affectés au cautionnement, et autant que possible, l'énumération des titres établissant la propriété ; cependant, s'il s'agissait d'un domaine ou d'une ferme composés d'un certain nombre d'articles, il suffirait de désigner le domaine ou la ferme, par les noms sous lesquels ils sont vulgairement connus, en indiquant toujours la commune de situation, la mesure totale ou approximative des biens, et en renvoyant, pour les détails, aux titres des acquisitions qui les renferment.

VIme. CONDITION. Le cautionnement doit être reçu et *accepté* par le Maire ou l'Adjoint, attendu que jusqu'à l'acceptation, toute obligation est révocable, et que le contrat n'est réellement formé que par le consentement mutuel : mais le Receveur particulier a droit de discuter ce cautionnement.

SOUMISSIONS.

Suivant l'arrêté des Consuls, du 4 pluviôse an 11, les Receveurs particuliers des villes et communes, à la nomination du Premier Consul, doivent comme on l'a dit, donner des soumissions, s'ils en sont requis, à l'instar de celles que les Receveurs particuliers d'arrondissement souscrivent aux Receveurs-généraux.

Voici, à cet égard, ce que porte l'arrêté des Consuls, du 27 ventôse an 8.

« Les Receveurs-généraux *sont autorisés* » à exiger des Receveurs particuliers qu'ils » souscrivent des *soumissions* de verser, » à la recette générale, le montant des » contributions directes, à des époques » correspondantes, à la différence de 15 » jours d'avance, pour chaque terme, à » celles déterminées pour les versemens à » faire au Trésor public, par les Receveurs- » généraux. »

Ainsi, jusqu'à ce qu'il ait été autrement ordonné, on est fondé à dire, que ce sont les termes des obligations des Receveurs-généraux qui doivent déterminer ceux des soumissions que les Receveurs à vie auront à souscrire, avec la différence de 15 jours d'avance sur les termes déterminés pour les Receveurs d'arrondissemens.

RÉSIDENCE.

La résidence des Receveurs, dans les lieux de leur recette, ne peut faire un objet de doute, depuis la circulaire du Ministre aux Préfets, du 7 thermidor an 11. Elle porte :

« Je suis instruit, Cit. Préfet, que quel-
» ques Recevèurs de villes et communes,
» nommés par le Premier Consul, pour
» l'an 12, ont sous-traité pour leurs recettes,
» se sont réservé une portion des centimes
» alloués pour les frais de perception, et
» sont ainsi dans l'intention de se faire un
» revenu à plusieurs lieues d'éloignement
» de la commune dont la recette leur est
» confiée; ainsi, ces citoyens n'auraient
» sollicité ces places que pour en trafiquer.
» Le Gouvernement n'a pu voir qu'avec
» indignation cet abus de sa confiance, et
» il exige que tout Receveur de ville et de
» commune *réside dans l'endroit de sa re-*
» *cette.* Si donc, dans votre département,
» des Receveurs s'étaient livrés à ces spé-
» culations honteuses, ou si d'autres avaient

» l'intention de faire exercer leurs recettes
» *sans résider*, vous devez me les signaler,
» et je ferai sur le champ pourvoir à leur
» remplacement. Cet objet est digne de
» fixer toute votre attention, et je suis bien
» persuadé de votre exactitude à m'infor-
» mer de tout ce qui pourrait être, sous
» ce rapport, contraire aux intentions du
» Gouvernement. »

Il reste à savoir si le Receveur doit tenir
son bureau ouvert tous les jours (fêtes et
dimanches exceptés), ou s'il peut se choisir
des jours pour recevoir des Contribuables.
On ne connaît pas de réglement qui ait décidé cette question ; mais on doit penser que
l'intention du Gouvernement est que dans
toutes les communes populeuses, les Contribuables puissent se libérer en tout tems,
sans être obligés de se prêter au goût et à
la commodité du Receveur, payé pour
faire son service, et que dès-lors il doit
tenir son bureau journellement ouvert aux
heures ordinaires, et y être présent, ou y
avoir, en cas d'empêchement, un fondé de
procuration, pour délivrer aux Contribuables les reçus nécessaires.

Dans les autres communes où le Percepteur est dans le cas de faire la collecte, et de se transporter aux foires et marchés où les habitans des lieux circonvoisins se rendent communément, il n'y a point de doute que le Percepteur doit avoir des jours libres, pour y aller faire la perception ; mais ces jours doivent être fixes, connus et exactement indiqués dans les avertissemens.

AVERTISSEMENS.

L'avertissement a pour objet de faire connaître aux Contribuables le montant de leurs cotes sur chaque nature de contributions, les époques de paiemens, les lieux où ils les doivent effectuer, et les délais qui leur sont accordés pour réclamer contre leurs cotisations.

Parmi les modèles qui nous ont paru les mieux rédigés, on s'est arrêté à celui qui sera placé à la fin de cette instruction.

RECOUVREMENT ET QUITTANCES.

Après l'expiration du délai indiqué par les avertissemens, le Percepteur doit faire

la collecte dans les communes peu populeuses, se transporter au moins une fois
par mois dans chaque village, s'il est chargé
de la recette de plusieurs communes, et
prendre d'ailleurs toutes les mesures propres à donner au recouvrement la plus
grande activité, sans exposer le Contribuable à des frais et à des poursuites.

A défaut de paiemens, après les *termes
échus* (1), il doit faire, contre les *contribua-*

---

(1) *Lois et réglemens concernans les termes de paiemens.*

Les lois des premier décembre 1790, titre 5, art. 5, et 3 frimaire an 7, art. 146, portent que la cotisation de chaque contribuable sera divisée en douze portions égales, payables chacune le
dernier de chaque mois.

L'article 13 de la loi du 4 frimaire an 7, avait voulu que la
contribution des *Portes* et *Fenêtres* fût payable par tiers dans
les trois mois après la mise en recouvrement des rôles; alors
cette contribution était impôt de quotité; mais devenue depuis
impôt de répartition, les termes de son paiement doivent être
les mêmes que pour les autres contributions directes.

L'article 36 de la loi du 3 nivôse an 7, porte aussi, que la
taxe de luxe sera acquittée en entier dans les deux mois qui
suivront la confection du rôle et sa mise en recouvrement; mais
l'arrêté des Consuls, du 16 thermidor, formant le dernier réglement sur les termes de paiement, ne fait pas de distinction, et
porte, *que les contributions directes sont payables à raison
d'un douzième par mois*; c'est à quoi il faut s'en tenir.

Les *forains*, cependant, doivent payer la contribution entière *bles en retard*, les poursuites et diligences nécessaires.

Par ces termes, *contribuables en retard*, on ne doit pas entendre ceux des contribuables qui, tenus de plusieurs contributions directes dans la même commune, auraient payé, sur l'une ou l'autre de ces contributions, des à-comptes, dont le montant balancerait les portions échues de la totalité ; alors quelqu'imputations qui aient été faites par les quittances, ou sur les rôles, ils ont payé tout ce qu'on pouvait raisonnablement exiger d'eux, et il serait injuste de les poursuivre pour celles des contributions dont ils ne se trouveraient pas, d'après les imputations, avoir payé les termes échus.

On ne doit pas non plus considérer comme *contribuables en retard*, ceux qui, visiblement compris par double emploi, dans les rôles d'une ou plusieurs communes, pour un même objet, auraient payé l'une des deux cotes ; il serait au moins de toute justice de leur accorder le tems nécessaire

---

des patentes dans le premier mois, ainsi que le prescrit l'article 26 de la loi du 13 floréal an 10.

B 4

pour qu'ils pussent faire statuer sur leurs réclamations.

Indépendamment des cotes portées aux rôles, les Receveurs recouvrent les droits de patentes qui peuvent être requises dans le cours de l'année, après la confection des rôles. Ils perçoivent à cet égard, des parties intéressées, les droits tant fixes que proportionnels, tels qu'ils sont réglés par le tarif, avec les cinq centimes par franc, destinés au fonds de dégrèvement et de non-valeur; ils en donnent quittances sur papier libre, et remettent au requérant une formule de patente (1) que le Maire signe ensuite.

Les autres quittances des contributions doivent être également données sur papier libre et sans frais.

ÉMARGEMENS ET CROISEMENT DES ARTICLES SOLDÉS.

« Les Percepteurs seront tenus d'*émar-*
» *ger* exactement sur les rôles, les paiemens
» à mesure qu'il leur en sera fait, et de

---

(1) On en trouvera le modèle à la fin.

» décharger ou de *croiser*, en présence
» des Contribuables, les articles entière-
» ment soldés, et de leur en donner quit-
» tance s'ils en sont requis. » *Art.* 13 *de la
loi du* 2 *octobre* 1791.

« Les Percepteurs *émargeront en toutes
» lettres* sur leurs rôles, à côté des articles
» respectifs, les différens paiemens qui
» leur seront faits, à l'instant même qu'ils
» les recevront. » *Art.* 141 *de la loi du* 3
frimaire an 7.

« Toute contravention à l'article précé-
» dent, pourra être dénoncée par le con-
» tribuable intéressé, par l'Agent munici-
» pal ou son Adjoint, et par le Commissaire
» du Directoire exécutif (*le Maire ou l'Ad-
» joint*) près l'Administration municipale.
» Elle sera punie correctionnellement,
» d'une amende de dix francs au moins,
» et de 25 francs au plus (1). » *Ibid. article* 142.

---

(1) C'est au Tribunal correctionnel, sur la dénonciation du Maire ou de l'Adjoint, à prononcer cette amende.

RELEVÉS OU BORDEREAUX.

« Les Percepteurs des communes tien-
» dront, indépendamment des rôles des
» contributions, un *relevé* ou *bordereau* (1)
» sur lequel ils rapporteront, jour par jour,
» les noms des Contribuables qui auront
» effectué des paiemens, et le montant
» des sommes remises. Ils les feront clore
» et arrêter par l'Agent de la commune
» (*le Maire ou l'Adjoint*) tous les dix jours
» au moins. » *Art.* 143 *de la loi du 3 frimaire an 7.*

Ces deux dispositions de la loi, conformes à celles de l'art. 11 de la loi du 17 brumaire an 5, qui exige de plus que la clôture et l'arrêté soient faits la veille du versement, très-négligées jusqu'à présent par nombre de Percepteurs, sont si visiblement nécessaires à maintenir, que tout ce qu'on pourrait dire à ce sujet est déja senti.

La loi n'a point ordonné que le Percepteur tiendrait d'autres registres; celui-ci

---

(1) Le modèle sera placé à la fin de cet essai.

suffirait bien pour faire connaître le montant des recouvremens effectués, et ce qui
reste à recouvrer; mais est-ce là tout ce
qu'exigerait le bon ordre?

Si le Percepteur ne tient pas un registre
indicatif du montant des cotes de chaque
Contribuable , et des sommes qu'ils ont
payées à-compte ou pour solde, ni lui , ni
ceux qui sont chargés de vérifier sa gestion,
ne pourront juger de ce que chacun des
Contribuables peut redevoir, sans faire autant de dépouillemens de plusieurs registres qu'il y a de Contribuables; opération
longue qu'il faudrait répéter chaque fois
qu'il serait nécessaire de constater le retard
des redevables, et de substituer un Percepteur à un autre. Un Percepteur jaloux de
bien faire et de tenir sa comptabilité à jour,
ne peut donc se dispenser d'avoir , indépendamment de son journal, un *sommier* (1)
ou relevé des rôles des diverses contributions applicables à chaque Contribuable.

____

(1) Le modèle s'en trouve à la fin.

POURSUITES ET DILIGENCES.

Depuis longtems on desire un réglement qui puisse fixer d'une manière générale et uniforme, dans tous les départemens, la conduite que les Receveurs et Percepteurs doivent tenir pour concilier leur responsabilité et l'intérêt du recouvrement, avec les ménagemens dus aux Contribuables.

Ce réglement avait été promis et annoncé par la loi du premier décembre 1790, portant, *art. 11, que la forme des saisies et la nature des contraintes seront déterminées par un réglement particulier*; mais depuis cette loi, il n'a été fait qu'un seul réglement, celui du 16 thermidor an 8, dont les dispositions n'embrassent qu'une partie des poursuites. Il ne paraît avoir eu en vue que d'établir un mode de contraintes collectives, et de diminuer, par l'emploi de cette mesure salutaire, les frais qui surchargeaient les Contribuables. Insuffisant pour régler d'ailleurs, dans tous les cas, la marche des Percepteurs, il présente encore certaines difficultés qui ont déterminé le

Ministre à s'en rapporter à la prudence des Préfets sur son exécution littérale. Voici, en effet, comment le Ministre s'est expliqué, à ce sujet, dans sa circulaire aux Préfets, du 15 germinal an 9 :

« L'arrêté des Consuls, du 16 thermidor
» an 8, a pour objet principal de régula-
» riser et de diminuer les frais du recou-
» vrement des contributions directes ; ce-
» pendant, au moment où la perception
» de l'an 9 allait commencer, au moment
» où les Receveurs venaient de souscrire
» des soumissions dont le paiement exact
» importait essentiellement au crédit pu-
» blic, j'ai dû vous observer que les lois
» rendues précédemment sur cette matière,
» n'étaient point abrogées, et que si le
» mode tracé par cet arrêté vous paraissait
» insuffisant, vous pourriez autoriser les
» Receveurs à recourir aux dispositions de
» ces lois. Déja dans plusieurs départemens
» les circonstances ont permis de se ren-
» fermer dans l'exécution de l'arrêté du
» 16 thermidor. D'après la situation des
» recouvremens, l'époque actuelle me sem-
» ble favorable pour établir, dans la plus

» grande partie des autres départemens,
» ce mode de contraintes, plus favorable
» aux Contribuables, et qui doit par con-
» séquent, en définitif, être seul suivi dans
» la République. Je vous prie donc, ci-
» toyen Préfet, d'entendre le Directeur
» des contributions et le Receveur - géné-
» ral, et d'examiner ensuite si la situation
» de votre département est telle que l'ar-
» rêté du 16 thermidor puisse y recevoir
» sa pleine et entière exécution. Dans ce
» cas, vous voudrez bien prendre toutes
» les mesures nécessaires, et m'en donner
» connaissance. »

Une autre lettre du Ministre, rapportée
dans le Manuel des Contribuables, page
104, porte :

« Il paraît constant, d'après les diffé-
» rentes représentations qui me parvien-
» nent, qu'en se renfermant strictement
» dans les dispositions de l'arrêté du 16
» thermidor, le succès du recouvrement
» pourrait être compromis, et qu'ainsi les
» Receveurs - généraux se trouveraient
» dans l'impossibilité de remplir les obli-

» gations qu'ils ont contractées envers le
» Trésor public.

» Vous savez combien il importe au
» crédit, que le paiement de ces obliga-
» tions n'éprouve jamais aucun retard, et
» si vous jugez qu'il convient, pour l'assu-
» rer, de maintenir quelques-unes des me-
» sures que les lois ont autorisées, et par-
» ticulièrement celles consacrées vis-à vis
» des Percepteurs négligens , par l'arti-
» cle 10 de la loi du 17 brumaire an 5 (1),
» il n'y aurait point à hésiter pour mettre
» les Receveurs à portée d'en faire usage. »

D'après ces explications, on ne doit pas
s'attendre à trouver ici un plan de conduite
général et uniforme pour la poursuite du
recouvrement dans tous les départemens.

Cependant quand on considère que les
Percepteurs et Receveurs sont obligés de
faire des diligences dans les vingt jours de
l'échéance (2) ; que ces échéances arrivent

---

(1) Elle porte qu'ils pourront être contraints par une escorte
de Gendarmerie, dont ils seront tenus de payer les frais, à
raison de cinq francs par jour pour chaque gendarme.

(2) Art. 147 de la loi du 3 frimaire an 7.

tous les mois (1), et que la loi (2) rend ces
Receveurs responsables de la non-rentrée
des sommes qu'ils ont été chargés de percevoir, on ne peut s'empêcher de desirer
qu'il soit établi, à leur égard, une jurispru-
dence certaine, fixe et invariable, qui les
mette à portée de connaître et de remplir
leurs devoirs, de manière à mettre leur
responsabilité à couvert sans surcharger de
frais les Contribuables.

Retenu par les considérations qu'on vient
d'exposer, on ne peut donc se permettre de
parler qu'avec une extrême réserve, des
poursuites des Receveurs et Percepteurs.
Cependant il est des principes généraux
auxquels il paraîtrait que les localités et
les usages dussent se plier. On se propose
de les réunir ici.

Toute poursuite est nécessairement com-
posée d'un titre qui en fait le fondement;
d'un demandeur ou poursuivant; d'un dé-
fendeur ou poursuivi; d'agens par le minis-

----

(1) Loi du premier décembre 1790, et Règlement du 16 thermidor.

(2) Loi du 3 frimaire an 7.

tère

tère desquels les parties sont averties, ap-
pelées, sommées ou contraintes ; de magistrats qui décident les difficultés , et
d'actes , exploits, ou procès-verbaux, dont
les frais légitimes doivent être à la charge
du débiteur qui y a donné lieu.

C'est sous ces divers points de vue que
vont être considérées les poursuites de recouvrement soumises à la diligence des
Percepteurs.

Le *titre* contre les Contribuables *dénom-* *Du titre*
més dans le rôle , est sans contredit le *fondamen-*
tal de la
rôle lui - même , rendu *exécutoire* par le *poursuite.*
Préfet, et publié par le Maire. *Voyez la*
note, page 3.

Il suit de-là , que les citoyens *non-dé-*
nommés dans le rôle , tels que les locataires , tiers - saisis , dépositaires et autres
débiteurs, ne peuvent être régulièrement
poursuivis , qu'en conséquence d'une contrainte particulière, décernée en vertu des
lois qui leur sont applicables (1) , délivrée
par le Receveur, visée du Sous-Préfet, et mo-
tivée de manière que le contraignable puisse
connaître les causes de l'application qui lui

(1) Voyez ces lois aux notes, pages 37, 38 et 39.

C

est faite de l'article de la loi. Cette *contrainte* est donc le *titre* et le fondement des poursuites qui peuvent être exercées contre lui.

Du Pour-
suivant.

Les Receveurs et Percepteurs ont seuls droit de poursuivre le recouvrement , puisque c'est entre leurs mains que le *titre* est placé et que les contributions doivent être acquitées : les lois (1) leur ordonnent d'ail-

---

(1) *Loi du 26 septembre* 1791 , *art.* 12. « A défaut de paie-
» ment de la contribution foncière, à l'échéance de chaque tri-
» mestre , le Percepteur de la Commune pourra faire toutes les
» saisies de fruits ou loyers , et tous les actes conservatoires
» propres à accélérer et assurer le paiement des contributions. »
« *Art.* 11 *de la loi du* 17 *brumaire an* 5. « Ils pourront être
» contraints (*les Percepteurs des Communes*) par la privation
» de toutes leurs remises sur les sommes non–recouvrées , pour
» lesquelles ils ne pourront justifier avoir fait *les diligences pres-*
» *crites par la loi, et dans les délais qu'elle aura déterminés.* »
Loi du 9 *vendémiaire an* 6. « Les Percepteurs des Communes,
» les Receveurs de Département et les Préposés , sont respec-
» tivement déclarés responsables de la non-rentrée des sommes
» mentionnées dans les articles précédens et aux époques qui y
» sont indiquées ; ils seront contraints , par la vente de leurs
» biens , à remplacer les sommes pour le recouvrement des-
» quelles ils ne justifieront point avoir fait les *diligences* de
» droit dans la décade de l'échéance. »
Loi du 3 *frimaire an* 7, *art.* 148. « Les Percepteurs des Com-
» munes ou de canton , sont responsables de la non-rentrée des
» sommes qu'ils ont été chargés de percevoir; ils pourront être

leurs de faire les *poursuites nécessaires*, et les rendent même responsables de toute négligence à cet égard.

Par une suite de cette responsabilité, ils peuvent et doivent délivrer eux-mêmes les *contraintes* contre les redevables, toutes les fois que ces contraintes sont indispensables. Il serait en effet contre la nature des choses, qu'un agent dont on exige des diligences sous certaines peines, n'eût pas toute la latitude de pouvoir nécessaire pour les éviter. Le Percepteur ne pourrait pas, s'il était obligé d'aller chaque fois qu'il conviendrait d'agir, emprunter à plusieurs lieues de chez lui, une autorisation du Receveur particulier qui aurait encore besoin d'être sanctionnée par le Sous-Préfet.

Il faut cependant excepter deux cas indiqués par le Réglement du 16 thermidor, où la contrainte ne doit être délivrée que par le Receveur particulier: savoir, 1°. *lorsque sur les informations des porteurs de*

» contraints par la vente de leurs biens, à remplir les sommes
» pour la perception desquelles ils ne justifieront point avoir fait
» *les diligences de droit*, dans les vingt jours de l'échéance, sauf
» leur recours contre les Redevables. »

*contraintes, il leur est attesté par les Maires
ou Adjoints que le Percepteur n'a pas fait
toutes les diligences auxquelles il est obligé
pour dispenser le Receveur de poursuivre
les redevables.* 2°. Et lorsqu'il s'agit de contrainte *collective*, attendu que par l'art. 3o
de ce Réglement, la délivrance et la signature de cette contrainte a été spécialement
attribuée au Receveur d'arrondissement.

Au reste, notre opinion sur cet objet est
appuyée sur une circulaire du Ministre, du
14 vendémiaire an 6, adressée aux Administrateurs des Départemens, dans laquelle
il dit littéralement que « *les Percepteurs,*
» *les Préposés et les Receveurs ont tous*
» *les moyens de contrainte contre les Con-*
» *tribuables*, et qu'il ne les regardera tous
» trois comme disculpés, que dans le seul
» cas où une Administration municipale
» aurait refusé de viser les contraintes,
» et qu'alors cette Administration sera res-
» ponsable du non recouvrement. »

Du Poursuivi.

Ce ne sont pas seulement, comme on l'a
dit ci-dessus, les Contribuables *dénommés*
dans les rôles qui soient passibles des pour-

suites à défaut de paiement des termes échus ; d'autres encore peuvent être contraints en vertu des lois.

Tels sont, pour la *contribution foncière, les fermiers et locataires*, jusqu'à concurrence du prix de leurs loyers et fermages (1).

Pour les contributions *personnelle, mobiliaire et somptuaire, les propriétaires et principaux locataires* qui ont laissé en—

---

(1) *Loi du premier décembre* 1790, *tit.* 5, *art.* 10. « Tous » *fermiers et locataires* seront tenus de payer en l'acquit des » propriétaires, *la contribution foncière* pour les biens qu'ils au- » ront pris à ferme ou à loyer, et les propriétaires seront tenus » de recevoir le montant des quittances de cette contribution » pour comptant, sur le prix des fermages ou loyers. »

Loi du 18 *floréal an* 5, *art.* 27. « Les *fermiers* de biens ru- » raux et usines paieront *la contribution foncière*, pour et à » la décharge des propriétaires, sauf à précompter, s'il y a » lieu, sur le prix de leurs fermages, les sommes qu'ils auront » avancées. »

Loi du 3 *frimaire an* 7, *art.* 147. « Tous *fermiers et locatai-* » *res* seront tenus de payer à l'acquit des propriétaires ou usu- » fruitiers, *la contribution foncière* pour les biens qu'ils auront » pris à ferme ou à loyer, et les propriétaires ou usufruitiers, de » recevoir le montant des quittances de cette contribution pour » comptant, sur le prix des fermages ou loyers ; à moins que le » fermier ou locataire n'en soit chargé par son bail. »

lever les meubles de leurs locataires, sans avoir averti un mois auparavant de leur déménagement, et les Huissiers-priseurs, Notaires, Séquestres et autres dépositaires des deniers appartenans aux Contribuables ou à leurs héritiers et créanciers (1).

____

(1) *Arrêt du Conseil du 9 juin 1711.* « *Les propriétaires et* » *principaux locataires* des maisons, seront tenus, un mois » avant le déménagement de leurs sous-locataires, de se faire » représenter les quittances de paiement de leur capitation. » (*Cette contribution est remplacée aujourd'hui par celles* » *personnelle, mobiliaire et somptuaire*), à peine d'en demeu- » rer garans et responsables ; et en cas de refus, leur permet » de faire saisir et arrêter les meubles desdits sous-locataires : » pourront néanmoins, lesdits propriétaires et principaux loca- » taires, donner avis, dans le tems ci-dessus marqué, aux Pré- » posés de la recette de ladite capitation, de ceux qui quitteront » leurs maisons, dont lesdits Préposés leur donneront une re- » connaissance ; au moyen de quoi ils demeureront déchargés » des taxes desdits Redevables, en rapportant la reconnaissance » desdits Préposés, ou la sommation qui leur aura été faite de » la fournir. »

Loi du 18 août 1791. « Tous *Huissiers-priseurs, Receveurs* » des contributions, Commissaires aux saisies réelles, *Notaires,* » *Séquestres,* et tous *autres dépositaires de deniers,* ne re- » mettront aux héritiers, créanciers et autres personnes ayant » droit de toucher les sommes séquestrées ou déposées, qu'en » justifiant du paiement des impositions mobiliaires et contribu- » tions patriotiques dues par les personnes du chef desquelles » lesdites sommes sont provenues. Seront même autorisés en

Enfin, pour la *contribution des portes et fenêtres*, les *propriétaires et usufruitiers, fermiers ou locataires principaux*, des maisons, bâtimens et usines qui y sont sujets (1).

Les Porteurs de contraintes ont été établis par la loi du 2 octobre 1791, pour faire, *seuls*, en chaque département, les fonctions d'Huissiers pour les contributions directes.

Ils ont été maintenus dans ce droit par l'arrêté du 16 thermidor, qui établit d'ailleurs leur organisation.

Ainsi, si le Percepteur, n'y est pas autrement autorisé (2), il ne peut faire ses

Des Agens instrumentaires.

» tant que de besoin, lesdits séquestres et dépositaires, à payer
» directement les contributions qui se trouveront dues, avant de
» procéder à la délivrance des deniers, et les quittances desdites
» contributions leur seront passées en compte. »

(1) *Loi du 4 frimaire an 7, art. 12.* « La contribution des
» *portes et fenêtres* sera exigible contre les *propriétaires et
» usufruitiers, fermiers ou locataires principaux* des maisons,
» bâtimens et usines, sauf leur recours contre les locataires par-
» ticuliers, pour le remboursement de la somme due, à raison
» des locaux par eux occupés. »

(2) Leurs fonctions dans la ville de Paris, sont bornées par un

poursuites que par le ministère d'un Porteur de contraintes.

De la Justiciabilité. Le décret du 16 fructidor an 3, fait défenses aux tribunaux de connaître des actes d'Administration, de quelque espèce que ce soit; en conséquence, le Percepteur, en ce qui concerne ses fonctions et le contentieux du recouvrement, ne doit, lorsque les difficultés n'existent qu'entre lui et le Contribuable, connaître, en demandant ou défendant, en *cause civile*, que l'autorité administrative: s'il était traduit dans ces cas ailleurs que devant elle, il devrait requérir son renvoi, et s'il lui était refusé, se pourvoir par-devers le Préfet; mais s'il s'agissait d'une affaire dans laquelle un tiers serait intéressé et où le titre du Receveur ne serait pas contesté, comme dans le cas, par exemple, où le Receveur ne serait appelé que pour déclarer ce qui lui serait dû; alors le Receveur ne serait pas fondé à demander son renvoi.

---

arrêté du Préfet, aux avertissemens et contraintes collectives; les autres poursuites se font par les Huissiers des Tribunaux

Deux sortes de contraintes sont à distinguer dans la poursuite de recouvrement; savoir : la *contrainte collective* ; mise à la disposition des Receveurs d'arrondissemens, et la *contrainte individuelle*, que nous estimons pouvoir être délivrée par les Percepteurs et Receveurs à vie. Nature et ordre des poursuites.

Les suites de cette dernière contrainte, sauf les modifications et les mesures différentes que peuvent prescrire les Préfets, sont les commandemens, saisies-exécutions, oppositions, saisies-arrêts, établissemens de Garnisaires et ventes des meubles et effets saisis.

Le *commandement* est une sommation de payer, faite au Redevable, en vertu de rôles ou de contrainte ; il doit nécessairement précéder toutes saisies-exécutions. Du Commandement

La *saisie-exécution*, qui ne doit être tentée qu'après avoir épuisé tous les autres moyens, est l'acte par lequel, à défaut de paiement, le Porteur de contraintes, met les meubles et effets du Redevable sous la main de la Justice pour être vendus publiquement en la manière ordinaire. De la Saisie-exécution.

On ne doit pas comprendre , dans cette saisie , les objets déclarés insaisissables par les lois. L'article 52 du Réglement du 16 thermidor, s'explique à cet égard en ces termes :

« Ne pourront être saisis, pour contri-
» butions arriérées et pour frais faits à ce
» sujet, les lits , vêtemens nécessaires au
» Contribuable et à sa famille, les chevaux,
» mulets et bêtes de trait servant au labour,
» les harnois et instrumens aratoires , ni
» les outils et métiers à travailler.

« Il sera laissé au Contribuable en retard,
» une vache à lait; à défaut de vache,
» une chèvre, ainsi que la quantité de
» grains ou graines nécessaires à l'ensemen-
» cement des terres qu'il exploite.

« Les abeilles, les vers à soie, les feuilles
» de mûriers, ne seront saisissables que
» dans les tems déterminés par les lois sur
» les biens et usages ruraux.

« Les Porteurs de contraintes qui con-
» treviendront à ces dispositions, seront
» condamnés à cent francs d'amende. »

La loi du 28 septembre 1790 défend

aussi, à peine de cent francs d'amende, de saisir les ruches en autres mois que ceux de décembre, janvier et février.

La vente, qui ne doit être faite, suivant l'art. 12 du tit. 33 de l'Ordonnance de 1667, que huit jours francs après la saisie, doit être précédée d'une signification indicative des jours, lieux et heures auxquels elle doit avoir lieu, en observant, entre la signification et la vente, un intervalle que l'usage paraît avoir fixé à huit jours. *De la Signification de vente.*

Ces divers exploits, doivent, à peine de nullité, être revêtus des formalités qui sont prescrites pour chacun d'eux, par les titres 2 et 33 de l'Ordonnance de 1667; mais ils ne sont pas sujets au droit d'enregistrement quand il s'agit d'une contribution dont la somme n'excède pas vingt-cinq francs (1). *Formalités.*

L'article 3 de la loi du 17 brumaire an 5, ajoute aux moyens ordinaires d'exécution, celui de l'envoi de Garnisaires chez les *Envoi de garnisaires.*

____

(1) Loi du 22 frimaire an 7.

Contribuables en retard. En voici la disposition :

« Les Contribuables qui n'auront pas
» acquitté le montant de leurs taxes, en
» contributions directes, dans les dix jours
» qui suivront l'échéance des délais fixés
» par les lois, y seront contraints dans
» les dix jours suivans, par la voie des
» Garnisaires envoyés dans leur domicile
» et auxquels ils seront tenus de fournir
» le logement et les subsistances, et de
» payer de plus un franc par jour; ce
» premier délai expiré, le paiement sera
» poursuivi par la saisie et vente des
» meubles des Contribuables en retard,
» même des fruits pendans par les racines. »

L'article 44 de l'arrêté du 16 thermidor
veut que les Porteurs de contraintes ne puissent s'établir à domicile chez les redevables qui paient moins de quarante francs
de contributions directes (1) ni séjourner
plus de deux jours chez un Contribuable.

____

(1) L'intérêt du recouvrement a exigé, en quelques départemens, de s'écarter de cette exception.

L'article 29 porte que les procès-verbaux et actes des Porteurs de contraintes, ne seront soumis ni au timbre ni à l'enregistrement.

Les Receveurs, garans de leur négligence, doivent assurer le recouvrement par tous les moyens qui sont en leur pouvoir ; ainsi, sils ont connaissance qu'un locataire enlève ses meubles sans avoir payé ses contributions personnelle mobiliaire et somptuaire, et droit de patente, ils doivent, sans être tenus d'observer aucun délai ni formalités préalables, établir sur-le-champ, à poste fixe, dans le domicile du Contribuable, un Porteur de contraintes, chargé d'empêcher l'enlèvement des meubles qui font le gage du recouvrement. *Voyez la note, page 38.*

Quand ils ont connaissance de quelques sommes dues à des Contribuables en retard, ils peuvent aussi, si ces Contribuables ont été bien mis en demeure de payer les termes échus, former sur eux des *saisies-arrêts ou oppositions* pour empêcher que les sommes dues leur soient délivrées ; mais dans tous les cas, les oppositions ou saisies-arrêts, doivent être formées avec ménagement, et il ne serait pas permis à un Receveur de les multiplier sans nécessité, ni de les placer entre les mains de plusieurs débiteurs, lorsque ce qui est dû par l'un d'eux, peut suffire pour acquitter les termes échus de la contribution.

Le Receveur ne doit pas se permettre non plus, à défaut de paiement de la contribution foncière, de former des saisies ou oppositions entre les mains *des loca-taires et fermiers qui jouissent des biens cotisés*. Obligés de droit au paiement de cette contribution , jusqu'à concurrence de leurs loyers, un simple avertissement doit leur suffire pour les mettre en demeure et dans le cas d'être poursuivis personnellement.

Il faut observer, à l'égard des biens ruraux, que les contributions d'un exercice, sont dues par le fermier de l'année précédente, qui en a fait la récolte ; le Ministre l'a ainsi décidé par sa lettre au Préfet de Seine et Marne, du 19 prairial an 10.

On peut ranger dans la classe des pour-suites, mises à la disposition du Receveur, le procès-verbal qu'il doit faire dresser pour constater l'insolvabilité ou l'absence du Redevable, afin de n'être point forcé en recette d'une contribution qu'il n'aurait pu recevoir.

Cet acte doit être fait par un Porteur de contraintes, et n'est sujet ni au timbre, ni à l'enregistrement.

La disproportion qu'il y a entre la contribution et le revenu des immeubles, ne permettant pas de présumer que jamais le Receveur puisse être dans le cas d'exercer la faculté que la loi lui (1) paraît donner ainsi qu'à tous autres créanciers privilégiés sur les immeubles, de *suivre* l'immeuble affecté à leurs créances, en quelques mains qu'il se trouve, il est inutile de parler ici de l'action en expropriation forcée, qui n'a jamais été admise contre le Contribuable ;

---

(1) *Art.* 14 *de la loi du* 11 *brumaire an* 7. « Les créanciers » ayant privilège ou hypothèque sur un immeuble, *peuvent le* » *suivre*, en quelques mains qu'il se trouve, pour être payés et » colloqués sur le prix. »

mais il est bon d'observer que les Receveurs des contributions, qui ne sont point assujettis à l'inscription pour conserver leurs droits sur les immeubles, sont tenus, *à peine de déchéance* (1) de leurs privilèges, d'en produire les titres et pièces au greffe, dans les trente jours après que l'ouverture de l'ordre du prix des biens a été notifiée aux créanciers inscrits et à la partie saisie, et qu'ainsi le Receveur qui aurait négligé de se présenter dans ce délai, serait personnellement responsable, sauf son recours, comme il aviserait contre le Contribuable, du défaut de paiement de la somme pour laquelle il aurait pu être colloqué.

Des frais. On ne parlera point de la taxe et du réglement des frais relatifs aux poursuites de contraintes collectives exercées par les

---

(1) *Art.* 32 *de la loi du* 11 *brumaire an* 7. « Le procès-verbal » d'ordre ne pourra être clos que trente jours après que son ou- » verture aura été notifiée, tant aux créanciers inscrits qu'à la » partie saisie. Pendant cet intervale, les créanciers privilégiés » qui ne sont point assujettis à l'inscription de leurs droits, seront » tenus, à peine de déchéance de leurs privilèges, d'en produire » les titres et pièces au Greffe. »

Receveurs

Receveurs d'arrondissement. Le Réglement du 16 thermidor y a pourvu, de manière que ces frais sont supportés, d'après leur taxe, par les Contribuables en retard, à proportion de leurs débets, sans pouvoir excéder le huitième de la somme due.

Le montant de ces frais peut être connu par les comptes qui en sont rendus. (1)

Il n'en est pas de même des frais d'exploits et procès-verbaux qui se font à la requête des Receveurs et Percepteurs. Ceux-ci n'entrent point dans les comptes, et le montant n'en peut être connu.

On a demandé comment ces frais devaient être réglés; le Ministre, par sa lettre au Préfet de la Vendée, (citée dans le premier supplément du Manuel des Contribuables, page 82,) a répondu « que ces frais » pouvaient varier suivant les localités. Il » serait difficile, a-t-il ajouté, d'adopter pour

---

(1) On pourrait en évaluer le montant général à une somme telle que, partagée entre six mille cinq cents porteurs de contraintes, ou environ, qu'on peut supposer d'après les bases posées par le Réglement du 16 thermidor; chaque porteur de contraintes, l'un portant l'autre, trouverait dans ces frais un traitement de trois ou quatre cents francs.

D

» leur réglement un mode uniforme et géné-
» ral; c'est à chaque Préfet, d'après les usa-
» ges reçus dans son département, à le fixer
» de la manière qu'il avisera la plus juste
» et la plus propre à concilier le bien du ser-
» vice avec l'intérêt des administrés. »

Nous ne pouvons entrer dans le détail de
ce qui se passe sur cette taxe dans chaque
département; mais nous observerons qu'il
serait intéressant que les frais fussent réglés non - seulement eu égard à la nature
des exploits, mais encore eu égard aux
débets des Contribuables à la quantité que
chaque Porteur de contrainte en peut délivrer chaque jour, selon le nombre plus
ou moins grand qu'on peut supposer de
Contribuables en retard dans une commune
et aux salaires qui lui sont payés particu-
lièrement pour les frais de contraintes collectives.

VERSEMENT DE LA RECETTE.

Il ne peut y avoir de doute sur la quotité et les termes des versemens que doivent
faire les Receveurs à vie dont les soumissions ont été acceptées par les Receveurs

d'arrondissement ; ces soumissions forment la règle de leurs obligations sur ce point.

Mais quant aux Percepteurs et aux Receveurs qui n'ont point fourni de soumission, il n'est pas encore décidé précisément jusqu'à quelle concurrence ils doivent porter leurs versemens pour n'être pas dans le cas d'être contraints.

Les Lois et Réglemens faits sur cet objet (1) en pourraient donner la mesure, si

---

(1) Voici les dispositions de ces lois.

Loi du premier décembre 1790 , *art.* 4 , *tit.* 5. « Les Rece» veurs de Communauté seront tenus de verser, *chaque mois* , » dans la caisse du district, leur recette. »

Loi du 2 *octobre* 1791 , *art.* 30. « Dans le cas où un Percep» teur n'aurait pas apporté, *dans les quinze premiers jour du* » *mois* , à la caisse du District, le montant de son recouvre» ment, le Receveur du District enverra un avertissement à la » Municipalité, et si quinzaine après cet avertissement il n'a pas » encore satisfait, le Receveur présentera au Directoire du Dis» trict une contrainte qui sera sur-le-champ visée et mise à » exécution. »

Loi du 17 *brumaire an* 5 , *art.* 10. « Les Percepteurs des » Communes seront tenus, à *l'avenir*, de verser le produit de » leur recette chez le Receveur du Département, ou entre les » mains des Préposés , *au moins une fois par décade.* Ceux qui » seront en retard, et n'auront pas prévenu le Receveur qu'ils » n'ont rien reçu dans les dix jours précédens , y seront con-

le systême des soumissions , établi pour
donner au Gouvernement des rentrées à
époques fixes, n'y avait pas apporté des
changemens sensibles ; mais la nécessité de
faire coincider les versemens des Receveurs
au premier degré avec les obligations des
Receveurs-généraux , a rendu nécessaires
les nouvelles dispositions prises à cet égard.
Elles se trouvent expliquées dans la lettre
suivante du Ministre au Préfet du Calva-
dos, du 3 thermidor an 9, rapportée dans
le deuxième supplément du Manuel des
Contribuables , pag. 75.

« Les contributions directes sont paya-
» bles à raison d'un douzième par mois;
» c'est à ce principe qu'il faut se rattacher,

» traints par une escorte de Gendarmerie, dont ils seront tenus
» de payer les frais, à raison de cinq francs par jour, pour cha-
» que gendarme. »

Loi du 3 frimaire an 7, art. 145. « Les Percepteurs des Com-
» munes et des Cantons verseront *chaque décade*, au Préposé ou
» Receveur de l'arrondissement, les sommes qu'ils auront reçues
» dans la décade précédente ; ceux qui se trouveraient en retard
» de verser, ou qui n'auraient pas prévenu le Préposé ou Rece-
» veur de leur arrondissement qu'ils n'ont rien reçu dans la dé-
» cade précédente , pourront être contraints. »

» et quoiqu'il soit difficile d'en exiger la
» stricte exécution, il est néanmoins es-
» sentiel de s'en rapprocher le plus qu'il
» est possible. Ainsi, un Percepteur pour
» avoir justifié de ses poursuites contre les
» redevables, n'a point rempli tous les
» devoirs que sa place lui impose. Si, au-
» torisé à exiger chaque mois des Contri-
» buables le douzième de leurs cotes, il
» ne se libère pas *au moins aproximati-*
» *vement* dans cette proportion, du mon-
» tant de ses rôles, le Receveur général
» a le droit de le poursuivre ; autrement
» il se verrait privé lui-même des ressour-
» ces sur lesquelles il a compté pour rem-
» plir ses obligations. »

La conséquence qu'on peut tirer de cette
lettre est évidemment, que sans avoir sous-
crit de soumissions, les Receveurs et Percepteurs, par la seule acceptation de leur
place, se trouvent engagés au versement
par chaque mois, d'une portion des contributions relative à celle des obligations
des Receveurs-généraux, avec la différence
néanmoins sur les termes, d'une avance qui
puisse mettre le Receveur d'arrondisse

ment en état de s'acquitter lui-même aux époques de sa soumission.

VISA DES QUITTANCES DE VERSEMENT.

« Lorsque les Percepteurs des contribu-
» tions directes effectueront des versemens
» dans les caisses du Receveur ou de ses
» Préposés, ils seront tenus de faire *viser*
» dans les 24 heures, les récépissés qu'ils
» en auront reçus (1) par le Commissaire
» du Directoire exécutif (*les Sous-Préfets*)
» près l'Administration Municipale de la
» résidence du Receveur ou Préposé, à
» peine d'être privés de leurs remises (2)
» sur les sommes comprises dans les récé-
» pissés de leurs versemens chez les Prépo-
» sés. » *Art. 14 de la loi du 17 fructidor an 6.*

« Tous récépissés non *visés*, ne pour-
» ront, servir dans aucun cas, de décharge
» aux Percepteurs ni aux Préposés aux
» recettes. » *ibid.* art. 20.

______

(1) L'art. 143 de la loi du 3 frimaire an 7, 1re. part., exige que les quittances du Receveur particulier soient rapportées à la suite du bordereau. On trouvera le modèle du bordereau à la fin.

(2) L'art. 143 de la loi du 3 frimaire an 7, 2e. part., ajoute que les Percepteurs qui auront négligé de faire viser leurs registres, seront privés de leurs remises sur les récépissés non visés.

AVANCES ET REMBOURSEMENS.

L'arrêté des Consuls, du 24 floréal an 8, en ordonnant que le montant de toutes les ordonnances de décharge ou de réduction sera réimposé au profit de ceux qui les auront obtenues par addition au rôle de l'année suivante, a arrêté, art. 16, que le Percepteur remboursera, sur les deniers de la recette, les Contribuables au profit de qui ces réimpositions auront été faites, en commençant par les ordonnances les plus anciennes en date.

Suivant le même arrêté, les frais de vérification et d'expertise, en matière de réclamation, réglés par le Préfet, sur l'avis du Sous-Préfet, doivent être avancés aux Experts, par le Percepteur, sur le produit des centimes additionnels de la commune, sauf, après le jugement, à s'en faire rembourser, en vertu de l'ordonnance du Préfet, par le Contribuable, s'ils sont jugés à sa charge; ces frais, dans le cas contraire, devant être réimposés avec les centimes additionnels comme charge locale.

Le Percepteur doit aussi, aux termes de
l'art. 47 du Réglement du 16 thermidor ,
faire l'avance au Receveur particulier
(*d'arrondissement*) sur le bulletin taxé
et quittancé qu'il lui en fournira, des frais
de séjour des Porteurs de contraintes chez
les Contribuables , sauf à s'en rembourser
sur les redevables, en leur donnant quittance.

COMPTES DES CENTIMES APPARTENANS AUX COMMUNES.

En percevant le principal des contributions directes, les Receveurs touchent également les centimes qui y sont additionnels et notamment ceux appartenans aux
Communes. Les articles suivans feront connaître , sur ce dernier objet , les obligations
des Percepteurs.

« Les recettes municipales seront faites
» par les Percepteurs des contributions
» foncière et personnelle de la Commune ,
» qui retiendra à cet effet, sur chaque cote
» par lui recouvrée, et à fur et à mesure
» du recouvrement, les centimes addition-

» nels destinés à pourvoir aux dépenses
» municipales (1). » *Art. 38 de la loi du*
11 *frimaire an* 7.

« Ces dépenses seront acquittées par lui
» sur les mandemens du Maire, et ce,
» jusqu'à concurrence de l'état duement
» arrêté, et dans la proportion des rentrées
» successives des centimes additionnels
» destinés à y pourvoir, et des autres re-
» venus de la Commune. *Ibid. art.* 31.

» Le surplus des recettes faites par lui,
» sera versé, conformément aux règles
» établies, dans la caisse du Receveur-
» général du Département ou dans celle
» de son préposé. » (*Le Receveur d'ar-*
rondissement.) *Ibid. art.* 32.

---

(1) *Extrait de la loi du* 21 *ventôse an* 7, *sur les dépenses*
municipales. « Les Conseils municipaux des villes, bourgs et
» villages répartiront la somme nécessaire pour leurs dépenses,
» d'après la fixation qui en aura été faite. Cette somme ne
» pourra excéder cinq centimes par franc du principal; ladite
» somme sera *retenue* par le Percepteur de chaque Commune,
» et employée, par lui, à l'acquittement des dépenses munici-
» pales. »

Les Percepteurs doivent recevoir aussi le dixième attribué
aux Communes, dans le produit des patentes, prélèvement fait
sur ce dixième de deux centimes par franc, attribués à la Direction des contributions, pour frais de rôles.

« Les Maire et Percepteurs de chaque
» Commune rendront respectivement au
» Conseil municipal , dans la session du
» 15 pluviôse de chaque année , le compte
» des recettes et dépenses municipales faites
» pendant l'année précédente. » *Ib. art.* 58.

Le Percepteur ne doit qu'un compte ma-
tériel des sommes qu'il a touchées et payées;
c'est au Maire qu'il le doit rendre, sauf
au Conseil municipal à l'en faire justifier;
mais le Maire doit le compte légal des dépenses faites par ses ordres; le Percepteur
est suffisamment acquitté quand il présente
un mandat du Maire et une quittance de
la partie prenante. C'est à celui-ci à prou-
ver qu'il a eu droit de tirer ce mandat
et d'ordonner la dépense. Le Maire doit
un compte d'*ordonnateur* , tandis que le
Percepteur ne doit qu'un compte de
caisse, qui n'est que le contrôle de celui
du Maire.

Le compte des Percepteurs ou Receveurs
doit d'abord comprendre, au chapitre de
la recette , les sommes qui peuvent rester
dues de l'année ou des années précédentes ; ensuite toutes celles qui devaient

composer la recette de l'année courante, reçues ou non ; puis la dépense, indiquée article par article, des mandats délivrés par le Maire, et acquittés, soit avec les revenus arriérés, soit avec ceux de l'année courante. Ce compte doit être terminé par un chapitre de reprises dans lequel doivent entrer toutes les sommes échues et non reçues, ainsi que celles restantes à payer par la Commune, et être suivi de la balance entre les sommes à recouvrer et celles dues. Les sommes dues à la Commune pour les exercices précédens, faisant partie de ses revenus actuels, les Percepteurs peuvent, avec les centimes municipaux de l'exercice courant, acquitter des dépenses antérieures en attendant le recouvrement de l'arriéré. — Par ce mode de comptabilite, chaque compte annuel doit présenter toutes les dettes actives et passives de la Commune, quelle que soit l'époque de leur création, et former chaque année un état complet de situation financière.

« Tous Maires, Percepteurs des Com-
» munes, Administrateurs civils ou de

» police, préposés aux recettes municipa-
» les, qui ne rendraient pas compte, dans
» les délais fixés par les articles 58, 59
» et 61, seront dénoncés par le Préfet au
» Commissaire du Gouvernement près le
» tribunal civil, et sauf néanmoins l'au-
» torisation du Gouvernement à l'égard
» de ses agens, lesquels seront préalable-
» ment suspendus de tout exercice. »
Art. 64 de la loi du 11 frimaire an 7.

« Ils seront condamnés à payer entre
» les mains du Receveur de Département,
« par forme de consignation suivant les
» cas, le cinquième du montant présumé
» de leurs recettes, telles que les états en
» auront été respectivement arrêtés en
» vertu des articles précédens. » *Ib. art.* 65.

VÉRIFICATION DE CAISSES, ET RENSEI-GNEMENS.

Article 144 *de la loi du* 3 *frimaire an* 7. « L'Agent municipalou son Adjoint,
» (*les Maires ou Adjoints*) pourront se
» faire représenter par le Percepteur, à
» son bureau, quand ils le jugeront con-

» venable, les rôles des contributions pu-
« bliques; prendre les relevés de recouvre-
» ment; constater les infractions à la loi
» et en faire rapport à l'Administration
» municipale. »

Article 31 *du Réglement des Consuls du*
16 *thermidor*. « Les Porteurs de contraintes
» vérifieront à leur arrivée, en présence
» du Maire ou de son Adjoint, la situation
» des Percepteurs, d'après les sommes
» qu'il aura reçues, et les quittances que
» le Receveur lui aura délivrées ».

Article 38. « Les Maires ou Adjoints
» vérifieront, toutes les décades, les rôles
» du Percepteur ; ils dresseront chaque
» mois un procès-verbal de leur vérifi-
» cation, et l'enverront au Sous-Préfet. »

Article 42. « Le Percepteur, à la pre-
» mière réquisition faite en présence du
» Maire ou de son Adjoint, indiquera aux
» Porteurs de contraintes, la demeure et
» les facultés connues des redevables ; en
» cas de refus de la part du Percepteur,
» les Porteurs de contraintes s'établiront à
» domicile réel chez celui-ci, à ses frais
» et sans répétition contre les redevables. »

REMISES SUR LA PERCEPTION.

Les Receveurs ou Percepteurs ont des remises sur toutes les recettes dont ils sont chargés, excepté cependant sur la recette des sommes votées pour subvenir aux frais de la guerre contre l'Angleterre.

Ces remises sont dues et se perçoivent *en sus* des principaux et des centimes additionnels, même de ceux qui appartiennent aux Communes (1), excepté néanmoins celles attribués sur les patentes qui sont prises en *dedans* sur le produit de la recette.

La quotité de ces remises varie en chaque Commune; elle est fixée ou par le procès-verbal d'adjudication, sans pouvoir excéder cinq centimes (2) par franc, ou à

---

(1) *Art. 7 de la loi du 11 frimaire an 7.* « Le Percepteur de
» chaque Commune jouira, sur le produit des centimes addi-
» tionnels destinés aux dépenses municipales et communales,
» d'une remise égale à celle dont il jouira sur les autres recet-
» tes. Cette remise fera partie des frais de perception à la charge
» de la Commune. Il ne lui sera alloué aucune remise pour les
» autres *revenus* communaux dont la recette fera partie des au-
» tres conditions et charges de son adjudication. »

(2) *Lois des 30 prairial an 5, art. 3, et 3 frim, an 7, art. 135.*

l'égard des Receveurs à vie, par un arrêté du Premier Consul ; le *maximum* de ces derniers est de quatre centimes.

Quant aux Percepteurs nommés d'office par le Conseil municipal , leurs remises sont fixées à cinq centimes dans le cas où ils fournissent une caution , et dans le cas contraire, elles ne peuvent excéder trois centimes (1)

Mais le Percepteur peut être privé de ces remises sur les sommes qu'il a versées , lorsque le récépissé du Receveur d'arrondissement qui en contient reconnaissance, n'a pas été visé dans les vingt-quatre heures ; c'est la disposition de l'article 14, de la loi du 17 fructidor an 6 , rappelé page 54 ; alors ces remises appartiennent au trésor public et doivent, comme le produit de toutes les amendes, être versées dans la caisse du Préposé à la recette des domaines et droits d'enregistrement.

---

(1) *Art.* 10 *du Réglement du* 16 *thermidor.*

DÉCHÉANCE DE RECOURS ET PRESCRIPTION.

« Les Percepteurs des Communes ou de
» Canton qui n'auraient fait aucune pour-
» suite contre un ou plusieurs redeva-
» bles en retard, pendant 3 années con-
» sécutives, à compter du jour où le rôle
» leur aura été remis, perdront leur re-
» cours et seront *déchus* de tous droits et
» de toute action contre eux. » *Article*
149 de la loi du 3 frimaire an 7.

« Ils perdront aussi leur *recours* et se-
» ront pareillement *déchus* de tous droits
» et de toute action pour sommes restan-
» tes dues et non payées par les contri-
» buables. » *Ibid. article 150.*

DU PRIVILÉGE ACCORDÉ SUR LES BIENS DES CONTRIBUABLES.

La faveur des deniers publics a toujours
fait accorder, au paiement des contributions, un privilège sur les biens des redevables.

Il n'est pas restreint seulement sur les
meubles et effets mobiliers qu'ils possèdent,

il

il frappe aussi sur leurs immeubles; mais dans une étendue et d'après des règles différentes.

Il a lieu sur les meubles et objets mobiliers des Contribuables, après le prélèvement des frais de justice et de vente, des frais funéraires, des sommes dues aux médecins, chirurgiens et apothicaires pour la dernière maladie, et des loyers dus aux propriétaires des maisons et fermes sur les meubles et fruits, étant en icelles pour une année.

Quant au privilège sur les immeubles, la loi du 11 brumaire an 11, ne l'accorde que pour une année échue et celle courante de la contribution foncière.

Elle dispense à cet égard de toute inscription hypothécaire.

Suivant les articles 11 et 14 de cette loi, ce privilège passe immédiatement après celui des frais de scellés et inventaire, et suivant l'article 22, il serait éteint sur le prix de l'immeuble, si le titre de la créance privilégiée n'était pas produit au greffe avant la clôture du procès-verbal d'ordre.

E

Il faut bien remarquer qu'il n'est question ici du privilège que sur les biens des
Contribuables , celui sur les immeubles du
Comptable et de ses cautions est infiniment
plus étendu (1).

CONCLUSION.

Il serait facile de terminer cet écrit par
l'exposé des lois pénales applicables aux
délits dont les Receveurs des deniers publics peuvent se rendre coupables dans
leur gestion ; mais indépendamment du peu
de penchant que nous aurions à traiter
cet objet, nous avons senti qu'il excédrait
les bornes du titre que nous avons choisi :
Le Guide des Percepteurs n'est point celui des Magistrats ni des Administrateurs.
Nous abandonnons donc à d'autres plumes,
plus exercées, la tâche désagréable d'exposer aux Receveurs et aux Percepteurs
les suites fâcheuses de leurs délits. Pour
nous, dont le plan a été de nous occuper
plutôt de leurs devoirs que de leurs fau-

____

(1) *Voyez à cet l'art. 16 de la loi du 24 novembre 1790, et
la loi du 18 août 1791.*

tes, après avoir rempli notre but, le mieux qu'il nous a été possible , nous n'avons qu'un desir à former ; c'est celui que les Receveurs demeurent bien convaincus de la vérité de cette maxime, *qu'aucun profit illégitime ne peut compenser la perte d'une bonne réputation et du bon témoignage de soi-même.*

Au moment de cette impression, il paraît un arrêté du Gouvernement, du 19 vendémiaire an 12, dont voici les dispositions :

Art. I. « Les Receveurs des communes et les Receveurs des » revenus des Hôpitaux, Bureaux de charité, Maisons de secours » et autres établissemens de bienfaisance, sous quelques dénomi- » nations qu'ils soient connus, seront tenus de faire, sous leur » responsabilité respective, toutes les diligences nécessaires pour » la recette et perception desdits revenus, et pour le recouvre- » ment des legs et donations, et autres ressources affectées au » service de ces établissemens; de faire faire contre tous les » débiteurs en retard de payer, et à la requête de l'Aministra- » tion à laquelle ils sont attachés, les exploits, significations, » poursuites et commandemens nécessaires; d'avertir les Admi- » nistrateurs de l'échéance des baux ; d'empêcher ces prescrip- » tions ; de veiller à la conservation des domaines, droits, privi- » lèges et hypothèques; de requérir, à cet effet, l'inscription au » bureau des hypothèques de tous les titres qui en sont suscep- » tibles, et de tenir registre desdites inscriptions et autres pour- » suites et diligences.

Art. II. « Pour faciliter aux Receveurs l'exécution des obliga- » tions qui leur sont imposées par l'article précédent, ils pour- » ront se faire délivrer, par l'Administration dont ils dépendent,

» une expédition en forme de tous les contrats, titres nouvels,
» déclarations, baux, jugemens et autres actes, concernant les
» domaines dont la perception leur est confiée, ou se faire re-
» mettre, par tous dépositaires, lesdits titres et actes, sous leur
» récépissé. »

Art. III. « On fixera, dans le délai de trois mois et dans les for-
» mes établies, la somme qui devra être allouée à chaque comp-
» table pour le travail dont il est chargé, et la responsabilité
» qui lui est imposée par le présent arrêté. »

Art. IV. « Chaque mois les Administrateurs s'assureront de la
» diligence des Receveurs par la vérification de leurs registres. »

Art. V. « Seront au surplus, lesdits Receveurs, soumis aux
» dispositions des lois relatives aux comptables des deniers pu-
» blics, et à leur responsabilité. »

En conséquence de cet arrêté, les Receveurs des contributions
directes des Communes doivent se procurer le dernier compte
rendu par les Receveurs; l'examiner, se faire remettre tous les
titres primitifs et reconnaissances; faire passer des titres nou-
veaux, s'il y a lieu, par les débiteurs; veiller à ce que les droits
et créances ne s'éteignent pas par la prescription, et sans diffé-
rer; prendre pour la conservation des droits et créances de la
Commune, contre les débiteurs possédant des immeubles, une
inscription, si déja elle n'a été faite, dans le bureau des hypothèques de leur situation; en avancer les frais; changer, si besoin
est, l'élection de domicile faite par les inscriptions précédentes;
poursuivre les débiteurs en retard par les voies de droit devant
les tribunaux ordinaires, par le ministère des Huissiers et Avoués,
et établir un registre de leur gestion.

Ce registre doit être formé à la suite d'un inventaire des titres
et pièces, et contenir la recette et la dépense journalière du Receveur.

Le compte qui sera rendu ensuite chaque année, sera formé
d'après ce registre, et dans l'ordre de celui dont on a parlé ci-
devant, *page* 58.

MODÈLE DE PATENTE.

PATENTE *(Timbre.)* DE

Département de
Arrondissement d
Commune d   dont la population
est de   âmes.

Bon pour l'an   de la République
N°.

Nous, Maire de la Commune d   départe-
tement d   sur la présentation et remise à
nous faites par l   citoyen
ayant son principal domicile dans la Commune de
de la quittance à   délivrée le
par le citoyen   Receveur des Contributions directes de la même Commune, sous le n°.   de son
registre de recette, de laquelle il résulte que l   dit citoyen
                      a déclaré vouloir exercer (*Indiquer le
commerce, l'industrie, l'art, le métier ou la profession*) et
qu'il a payé la somme de
savoir   pour le droit fixe,   pour le
dixième de la valeur locative de (*maison d'habitation, atelier,
usine, magasin, boutique, etc.*) suivant le tarif et la loi du
           et   pour fonds de non-valeur et de dégrève-
ment, le tout pour (*Indiquer l'année ou le* prorata.) lui avons,
en conséquence, délivré la présente Patente, au moyen de laquelle il pourra exercer pendant l'an   l   susdit
(*répéter ici l'état ou la profession*) sans trouble ni empêchement,
en se conformant aux lois et aux réglemens de police, et a
l   dit citoyen   signé tant au registre sous le
n°.   ci-dessus, que sur la Patente. (*Si la personne ne*

sait signer, il en sera fait mention, et on raiera les mots qui indiquent le contraire.)

Fait et délivré à   le
                        an de la République.

Sceau du   Signature d   requérant .   Signature du Maire.
Maire,

Vu par le Sous-Préfet.

Nota. *L'imprimé timbré de cette patente est fourni au Receveur qui s'en fait rembourser par le requérant ; le Receveur de la Commune en compte ensuite au Receveur de l'arrondissement.*

Il existe une instruction dont les exemplaires ont dû être adressés à chacun des Préfets, Sous-Préfets, Maires et Employés de la Direction des Contributions : elle contient le tarif général servant à déterminer le prix de chaque Patente, et une table alphabétique du classement des diverses espèces de commerce, industrie, arts et profession. Le Percepteur pourra y avoir recours pour faire la perception.

MODÈLE DE QUITTANCE
Pour les Patentes.

———

Département
de
Commune de

dont la popu-
lation est de

âmes.

(*Timbre.*)

QUITTANCE pour le droit de
Patente de

pour l'an   de la République.

	fr.	cent.		
Droit fixe. . . . . ,	«	«		
Dixième de la valeur locative , «	«		«	»
Cinq centimes pour franc de				
non-valeur et de dégrèvement. . . . . »	«			
TOTAL. . . . . «	«			

N°. *d'Enregistrement.*

JE soussigné, Receveur des Contributions directes de la
Commune de   reconnais avoir reçu
de   domicilié dans la Commune
de   la somme de
savoir,   pour droit fixe ;
pour le dixième de la valeur locative de s   (*maison
d'habitation, atelier, usine, magasin, boutique, etc.*)
et   pour fonds de non-valeur et de dégrèvement, à laquelle somme de   s'élève,
d'après la loi et le tarif, le droit de patente qu'   a
déclaré cejourd'hui vouloir obtenir, pour exercer pendant (*l'année ou le restant de l'an*   ) la profession
de   et a l dit citoyen
signé sa déclaration sur le Registre (ou si la personne ne
sait signer, il sera dit, et a déclaré ne savoir signer.)

Fait à   le   an
de la République.

Signatures du Receveur et du Requérant.

MODÈLE

Du Registre que doit tenir le Receveur à cause des Patentes qui sont requises postérieurement à l'arrété des rôles.

N°.

Cejourd'hui   est comparu le cit.
domicilié dans la Commune de   dont la population est de   âmes, lequel a déclaré vouloir obtenir une Patente de   pour pouvoir exercer la profession d   pendant (*l'année entière ou le restant*) en exécution de la loi du   et a déclaré aussi que la valeur locative de s   est de dont il a d'ailleurs justifié (*par la représentation de son bail, ou l'extrait du rôle de la Contribution foncière à défaut de bail*) et a signé ou déclaré ne le savoir.

Reçu la somme de
savoir pour droit fixe
pour le dixième de la valeur locative
et   pour cinq centimes par franc de non-valeur et de dégrèvement, ci

MODELE DE CONTRAINTE

Contre un Propriétaire qui a laissé enlever les meubles de son Locataire sans que celui-ci ait acquitté ses Contributions.

Département
de
Arrondissement
de
Commune
de

CONTRAINTE.

Extrait du Rôle de la Contribution personnelle, mobiliaire et somptuaire de la Commune de   pour l'an

ART. (*On donne ici copie de l'article du Rôle dont on entend poursuivre le recouvrement, et même des articles des Rôles concernant les Patentes, Portes et Fenêtres, si le Locataire doit ces Contributions.*)

IL est dû à la République, suivant l'extrait (*du ou des*) Rôle   ci-dessus, par le citoyen

demeurant à   propriétaire d'une maison sise à   comme garant du cit.
son Locataire, qui a enlevé ses meubles et effets de ladite maison, sans acquitter ses Contributions, la somme de   pour (*l'année ou les termes échus*) de ses Contributions, dont le détail est ci-dessus ; au paiement de laquelle somme ledit citoyen
sera contraint, en vertu des lois et réglemens, par toutes voies de droit, comme pour les propres deniers ou affaires de la République, sauf son recours contre son locataire.

Délivré par nous Receveur des Contributions directes de ladite commune, soussigné.

Fait à   le

Signature du Receveur.

Visa *du Sous-Préfet.*

MODELE DE CONTRAINTE

Contre un Fermier ou Locataire.

Département
d
Arrondissement
de
Commune
de

C O N T R A I N T E.

*Extrait du Rôle de la Contribution fon-
cière de la Commune de
pour l'an*

Art.   (*On donne ici copie de l'article du Rôle dont
on entend poursuivre le recouvrement.*)

Il est dû à la République, suivant l'extrait de Rôle ci-
dessus, par le citoyen   propriétaire, demeurant à   et par le citoyen
son (*fermier ou locataire*) demeurant à
la somme de   pour (*l'année ou les termes échus*) de la Contribution foncière à laquelle les biens
dudit citoyen   ont été imposés ; au paiement
de laquelle somme lesdits citoyens   (*nommer le propriétaire et le fermier ou locataire*) seront chacun, à
leur égard, contraints, en vertu des lois et réglemens par
toutes voies de droit, comme pour les propres deniers ou
affaires de la République.

Délivré par nous Receveur des Contributions directes
de ladite commune, soussigné

Fait à   le

Signature du Receveur.

Visa du Sous-Préfet.

BORDEREAU DE PAIEMENT

DU

RECETTE

Sur la Contribution foncière............. «   «

Sur la Contribution personnelle, somptuaire et mobiliaire................... »   »

Sur l'impôt des Portes et Fenêtres....... «   «

Sur les droits de Patentes............. «   «

Sur la Contribution pour la guerre...... «   «

«   «

A DÉDUIRE.

Revient à la Commune pour centimes communaux, sur la recette des Contributions
foncière, personnelle, mobiliaire et somptuaire............................. «   «

Revient au Percepteur pour frais de perception, à raison de   par
franc............................. «   «

EXCÉDANT DE LA RECETTE........

Je soussigné Receveur de l'Arrondissement de
reconnais avoir reçu du citoyen   Receveur
des Contributions de la Commune de   la
somme de   à valoir sur les diverses
Contributions de l'an

A   ce

Le Receveur de l'Arrondissement.

JOURNAL.

Numéros de l'avertissement et du Sommier.	NOMS DES CONTRIBUABLES.	Sommes reçues.
		fr. cent.
	Du	
	Gérard (Louis)................	
	De Rouquairolles (André).......	
	Lachaussée (Étienne)...........	
	Villedieu (Jacques).............	
	Fandrin (Étienne).............	
	Etc.	
	Arrêté à la somme de que le Receveur particulier du Arrondissement du département de reconnaît avoir reçu du Receveur de la Commune de dont d'autant quittance qui ne servira que d'une seule, et même avec le reçu particulier de la même somme qu'il lui a donné cejourd'hui. Fait à ce	
	Du	
	Gallet (Théophile).............	
	Turlot (Vincent)...............	
	Landrieux (Luc)...............	
	De sous le Montier (Jean).......	
	Etc., etc.	
	Arrêté (*comme dessus*).	
	On propose cette formule à cause du visa que le récépissé doit recevoir. Voyez le modèle de bordereau.	

AVERTISSEMENT

Extrait des Rôles de la Contribution de l'an

Nature des Contributions.	Articles des Rôles.	DETAILS		Sommes à payer.
Foncière.	°	Pour un revenu net de.		
		La sommé de.		° °
Personnelle, Mobiliaire, et Somptuaire.	°	Cote personnelle. . . . . ° °		
		Cote mobiliaire sur un loyer de . . . . ° °		° °
		Cote somptuaire pour la somme de . . . . ° °		
Portes et Fenêtres.	°	Porte-cochère. . . . . . , . . . ° °		
		Portes et Fenêtres ; savoir, de Ire. classe de IIe. classe simples. } . . . . . . ° °		° °
Patentes.	°	Droit fixe. . . . . ° °		
		Droit proportionnel. . . . . . . ° °		° °
		Cinq centimes par franc, pour fonds de non - valeur. . . . . . ° °		
Pour la guerre.		Cent. par franc de . . . . ° °		

TOTAL. . . . . ° °

Dans le cas où le Contribuable se croirait imposé par erreur ou surchargé, comparativement aux autres Contribuables, il doit présenter sa réclamation avant le à peine d'être déchu

Il ne peut être admis à réclamer qu'en justifiant des paiemens des termes échus.

Le Bureau de Recette est ouvert tous les jours à

Le citoyen demeurant à ou le citoyen son fermier à est prévenu que faute de payer par douzième, de mois en mois, à compter du premier vendemiaire an il y sera contraint par les voies de droit.

Le Receveur des Contributions directes.

Il faut rapporter le présent Avertissement.

Détail des Paiemens faits au Receveur, sur la cotisation de l'autre part.

Date des Paiemens.	Montant des Paiemens.		Signature du Receveur pour chaque paiement.
	En toutes lettres.	En chiffres.	

SOMMIER.

Nota. Ce Registre n'est que la transcription des articles conte-
nus dans chacun des avertissemens, après que ces avertisse-
mens, formés par le dépouillement des divers Rôles, ont été
remplis, mis en ordre alphabétique, et numérotés de suite de-
puis le n°. 1 jusqu'au dernier.

Art. I. Le citoyen   demeurant à

CONTRIBUTIONS.	f.	c.	PAIEMENS.	f.	c.		f.	c.
Art. Foncière. . . .	»	»						
Art. Personnelle, Sompt. Mob.	»	»	Reçu le.	»	»	Reçu le.	»	»
Art. Portes et Fen..	»	»	Reçu le.	»	»	Reçu le.	»	»
			Reçu le.	»	»	Reçu le.	»	»
Total.	»	»	Reçu le.	»	»	Reçu le.	»	»
Frais de perception à cent. pour fr. .	»	»	Reçu le.	»	»	Reçu le.	»	»
Art. Patente. . . .	»	»	Reçu le.	»	»	Reçu le.	»	»
Art. pour la guerre.	»	»						
Total général.	»	»			Total général.		»	»

Art. II. Le citoyen   demeurant à

CONTRIBUTIONS.	f.	c.	PAIEMENS.	f.	c.		f.	c.
Art. Foncière. . . .	»	»						
Art. Personnelle, Sompt. Mob.	»	»	Reçu le.	»	»	Reçu le.	»	»
Art. Portes et Fen..	»	»	Reçu le.	»	»	Reçu le.	»	»
			Reçu le.	»	»	Reçu le.	»	»
Total.	»	»	Reçu le.	»	»	Reçu le.	»	»
Frais de perception à cent. pour fr. .	»	»	Reçu le.	»	»	Reçu le.	»	»
Art. Patente. . . .	»	»	Reçu le.	»	»	Reçu le.	»	»
Art. pour la guerre.	»	»						
Total général.	»	»			Total général.		»	»

Art. III Le citoyen   demeurant à

CONTRIBUTIONS.	PAIEMENS.

Le reste comme dessus.

F

E R R A T U M.

Page 45, ligne 2, après ces mots, *Porteurs de con-traintes,* ajoutez *relatifs à leurs séjours chez le Per-cepteur et les Contribuables.*